ANALIZA KSIĄŻKI

Frankenstein

• • • • • • • • • • • • • • • •

Mary Shelley

ANALIZA KSIĄŻKI

Napisany przez Claire Cornillon
Przetłumaczony przez Kâmil Kowalski

Frankenstein

MARY SHELLEY

MARY SHELLEY

ANGIELSKI POWIEŚCIOPISARZ, AUTOR OPOWIADAŃ, DRAMATURG, ESEISTA I BIOGRAF.

* **Urodzony w Londynie w 1797 r.**

* **Zmarł w Londynie w 1851 r.**

* **Godne uwagi prace:**

  ◦ *Frankenstein* (1818), powieść

  ◦ *Ostatni człowiek* (1826), powieść

  ◦ *Rambles in Germany and Italy, in 1840, 1842, and 1843* (1844), travel narrative

Mary Shelley urodziła się w Anglii w 1797 roku i zmarła w 1851 roku. Pisała opowiadania, eseje i dzienniki z podróży, ale jej najbardziej znanym dziełem jest jej debiutancka powieść Frankenstein (1818). Była uczonym zmieszanym z intelektualistami swoich czasów. Poślubiła romantycznego poetę Percy'ego Shelleya (1792-1822).

FRANKENSTEIN

REFLEKSJA NAD POCHODZENIEM ZŁA

- **Gatunek:** powieść
- **Wydanie referencyjne:** Shelley, M. (1999) *Frankenstein*. 2nd edition. Toronto: Broadview Press.
- **Pierwsze wydanie:** 1818
- **Tematy:** nauka, tworzenie, doświadczenia, potwór, nadprzyrodzone, duma

Mary i Percy Shelley, Lord Byron i dr Polidori spędzili lato 1816 roku w wiosce w pobliżu jeziora Leman i postanowili, że każdy z nich napisze opowiadanie grozy: to właśnie skłoniło Mary Shelley do napisania *Frankenstein: or, The Modern Prometheus*.

Ta powieść została opublikowana w 1818 roku. Opowiada historię młodego Frankensteina, który odkrył tajemnice życia i stworzył stworzenia, które można było ożywić. Spektakl kwestionuje granice nauki i niebezpieczeństwa czyhające na człowieka próbującego odkryć tajemnice natury.

PODSUMOWANIE

LISTY WALTONA

Robert Walton pisze do swojej siostry, pani Saville, aby opowiedzieć jej o etapach swojej podróży, najpierw w Petersburgu, potem w Archangielsku (Rosja). Jest w drodze na biegun północny na pokładzie łodzi. Wraz ze swoją załogą odnalazł i uratował z zimna człowieka. Ten człowiek, który w rzeczywistości szuka człowieka, który przed nim ucieka, opowiada swoją historię Waltonowi, który następnie ją przepisuje.

NARRACJA VICTORA FRANKENSTEINA

Wiktor Frankenstein rozpoczyna swoją opowieść w następujący sposób: "Jestem z urodzenia Genewczykiem, a moja rodzina należy do najznakomitszych w tej republice" (rozdział 1). Jego rodzice przygarniają dziecko, Elżbietę, i adoptują ją. Dziewczynka choruje, porażona szkarlatyną, ale wraca do zdrowia. Jednak matka Wiktora, opiekując się Elżbietą, również łapie gorączkę i umiera.

Wiktor wyjeżdża na studia. Pasjonuje go tajemnica życia i udaje mu się, po wielu badaniach, ją rozwikłać: "Po dniach i nocach niewiarygodnej pracy i zmęczenia, udało mi się odkryć przyczynę generacji i życia; nie, więcej, sam stałem się zdolny do obdarzenia animacją na materii bez życia" (rozdział 4). Następnie pracuje nad stworzeniem żywej istoty.

Kiedy stwór budzi się, Wiktor Frankenstein ucieka w popłochu. Traumatyzowany przez przebudzenie stworzenia, zostaje złapany przez nerwową gorączkę i zostaje przykuty do łóżka na dwa miesiące. Opiekuje się nim jego przyjaciel, Henry Clerval.

Frankenstein dowiaduje się z listu od ojca, że jego brat William został zamordowany. Następnie wraca do swojej rodziny. Przyjaciel rodziny, Justin Moritz, zostaje oskarżony o morderstwo, ale Frankenstein wierzy, że widział swoje stworzenie w okolicy i dochodzi do wniosku, że to on musi być prawdziwym winowajcą. Justin zostaje osądzony, skazany i stracony. Frankenstein, który nie interweniuje, ma poczucie winy.

Wyjeżdża w Alpy i tam spotyka swojego stwora, z którym po raz pierwszy zamienia kilka słów. Stwór opowiada mu, co się stało: musiał się ukrywać, odrzucony przez wszystkich ludzi z powodu swojej brzydoty i przerażenia, jakie wywoływał u każdego, kogo spotkał. "Wśród miriad ludzi, którzy istnieli, nie było nikogo, kto by się nade mną litował lub mi pomagał; a czy powinienem czuć życzliwość wobec moich wrogów? Nie; od tej chwili wypowiedziałem wieczną wojnę gatunkowi, a przede wszystkim temu, kto mnie uformował i wysłał na tę niewyobrażalną niedolę" (rozdział 16) – myśli stwór. Następnie prosi Frankensteina o stworzenie towarzysza, który wyglądałby tak samo jak on, na co ten się zgadza.

Victor i Elizabeth mają się pobrać. Wcześniej Victor wyjeżdża do Anglii wraz z Clervalem, aby zebrać informacje naukowe potrzebne do wykonania zadania. Ostatecznie jednak Frankenstein postanawia nie tworzyć drugiego stworzenia, przerażony ewentualnymi konsekwencjami takiego działania. Dlatego też po raz kolejny wyrusza statkiem i dociera do Irlandii. Tam zostaje oskarżony o morderstwo i ku swojemu przerażeniu odkrywa, że jego przyjaciel Clerval został zabity. Po tym fakcie następują dwa miesiące gorączki i delirium w wyniku odkrycia jego śmierci. Zostaje uznany za niewinnego. Jego ojciec przyjeżdża go odnaleźć i razem wyjeżdżają.

Zbliża się ślub. Ale kiedy Frankenstein odmówił stworzenia partnera dla stworzenia, grożono mu: "Ten list przypomniał mi o szatańskiej groźbie, o której wcześniej zapomniałem:" W noc poślubną jestem z tobą! "(Rozdział 22). Elizabeth i Victor i tak pobierają się i jadą nad jezioro Como, ale Elizabeth zostaje zamordowana. Victor wraca do Genewy i postanawia odszukać i zniszczyć stworzenie. Poszukiwania trwają na całym świecie, ostatecznie doprowadzając go do Bieguna Północnego, gdzie spotyka Waltona.

POWRÓT DO LISTÓW WALTONA

Jak Walton i jego załoga decyduje się kontynuować do Anglii, Frankenstein umiera, osłabiony przez jego poszukiwania. Stworzenie pojawia się wkrótce potem u jego boku i mówi Waltonowi, że jego droga dobiegła końca, ponieważ jego twórca nie żyje. Po ogłoszeniu swojego samobójstwa, ucieka.

STUDIUM POSTACI

WIKTOR FRANKENSTEIN

Wiktor Frankenstein urodził się w Genewie w zamożnej rodzinie. Jako dziecko pasjonował się tajemnicami świata i poprzez samokształcenie próbuje je rozwikłać. Na uniwersytecie odkrywa naukę swoich czasów i, zafascynowany, wznawia badania. Chce zrozumieć tajemnicę życia i udaje mu się to. W swojej narracji przeciwstawia swoją ciekawość kontemplacyjnej postawie kobiety, którą kocha, Elizabeth:

> *"Podczas gdy mój towarzysz z powagą i zadowoleniem kontemplował wspaniałe pozory rzeczy, ja rozkoszowałem się badaniem ich przyczyn. Świat był dla mnie tajemnicą, którą pragnąłem zgłębić. Ciekawość, gorliwe badanie, by poznać ukryte prawa natury, radość zbliżona do zachwytu, gdy zostały mi one objawione, należą do najwcześniejszych wrażeń, jakie pamiętam" (rozdział 2).*

Frankenstein to postać ambiwalentna, którą wszyscy inni bohaterowie opisują jako fascynującą, ale której duma i ciekawość zbliżają się do szaleństwa. Walton opisuje go w swoim liście:

> *"Nigdy nie widziałem bardziej interesującego stworzenia: jego oczy mają na ogół wyraz dzikości, a nawet szaleństwa, ale są chwile, kiedy, jeśli ktoś wykona wobec niego akt dobroci lub wyświadczy mu najbłahszą przysługę, całe jego oblicze rozświetla się, jak gdyby, wiązką życzliwości i słodyczy, której nigdy nie widziałem równej. Ale na ogół jest melancholijny i zrozpaczony, a czasem zgrzyta zębami, jakby zniecierpliwiony ciężarem nieszczęść, które go gnębią" (List 4).*

A jednak ten wspaniały człowiek porzuca swoje nowonarodzone stworzenie. Jego tchórzostwo i niezdolność do zaakceptowania konsekwencji swoich czynów (Justin zostaje stracony za milczenie) pogrąża się w otchłani poczucia winy. Wiedząc, że otworzył puszkę Pandory, jest przerażony. "Och! Wysłałem na świat zdeprawowanego nieszczęśnika, którego rozkoszą jest rzeź i nędza. Czy to nie on zabił mojego brata?" (Rozdział 7). Jednak sprawy nie są takie proste i myli się co do natury stworzenia.

STWORZENIE

Stwór nie ma imienia. Wiktor Frankenstein stworzył go z martwej tkanki, którą udało mu się ożywić. Jest większy od człowieka, a jego wygląd fizyczny jest odpychający:

> "Jego żółta skóra ledwo zakrywała pracę mięśni i tętnic pod spodem; jego włosy były błyszczące czarne i płynące; jego zęby o perłowej bieli; ale te bujności tylko tworzyły bardziej przerażający kontrast z jego wodnistymi oczami, które wydawały się prawie tego samego koloru, co ciemnobiałe gniazda, w których były osadzone, jego wysuszona cera i proste czarne usta" (Rozdział 5).

W chwili narodzin jego twórca jest przerażony i ucieka. Stworzenie zostaje więc samo i porzucone przez wszystkich. Jego wygląd przeraża ludzi, więc musi się ukrywać. To prawda, że popełnia zbrodnie, ale jego charakter nie jest zły. Uczy się mówić i czytać, stara się być jak ludzie. Urodził się niewinny, ale nienawiść, z jaką się spotyka i samotność uczyniły z niego przestępcę.

> "Czy nie dość cierpiałem, że starasz się powiększyć moje nieszczęście? Życie, choć może być tylko nagromadzeniem udręk, jest mi drogie i będę go bronił. Pamiętaj, że uczyniłeś mnie potężniejszym od siebie; mój wzrost przewyższa twój, moje stawy są bardziej giętkie. Ale nie dam się skusić, by

postawić się w opozycji do Ciebie. Jestem twoim stworzeniem i będę nawet łagodny i potulny wobec mego naturalnego pana i króla, jeśli tylko zechcesz wykonać swoją część, którą mi zleciłeś [...]. Pamiętaj, że jestem twoją istotą; powinienem być twoim Adamem, ale jestem raczej upadłym aniołem, którego za żadne przewinienie nie wypędzasz z radości. Wszędzie widzę błogość, z której tylko ja jestem nieodwołalnie wykluczony. Byłem życzliwy i dobry; nieszczęście uczyniło mnie diabłem. Uczyń mnie szczęśliwym, a znów będę cnotliwym" (rozdział 10).

Polega na swoim stwórcy i stara się czynić dobro, ale cierpienie sprowadziło go na ścieżkę zła. Mówi do swego pana: "Powinienem być twoim Adamem", Frankenstein porównuje Boga i mnie do swojego stworzenia, człowieka. Stwór jest więc rodzajem tragicznego, wręcz patetycznego bohatera, który po śmierci swojego pana kończy samobójstwem.

ELIZABETH I HENRY CLERVAL

Henry Clerval i Elżbieta stanowią kontrapunkty dla postaci Victora. Całkowicie pozytywne, podkreślone są tylko ich zalety: w narracji Frankensteina są nieustannie chwaleni. Henryk jest wiernym przyjacielem. Ma stać się ofiarą tragicznych wydarzeń.

"Jeśli chodzi o Elizabeth, jest ona adoptowanym dzieckiem rodziny Frankensteinów. Victor wychowywał się z nią i zakochał się. Kilka lat później biorą ślub. Jej uroda jest nieustannie wychwalana: "Kiedy mój ojciec wrócił z Mediolanu, zastał bawiące się ze mną w holu naszej willi dziecko uczciwsze niż przedstawiony cherubin – istotę, która zdawała się rzucać blask ze swojego spojrzenia, a której forma i ruchy były lżejsze niż kozice ze wzgórz" (rozdział 1).

Jest kojarzona ze światłem, podczas gdy Wiktor i stwór są istotami ciemności. Reprezentuje czystość, miłość i współczucie, żyje w zgodzie ze światem i przestrzega jego zasad, co jest całkowitym przeciwieństwem Frankensteina, który wierzy, że może być Bogiem wśród ludzi. Elżbieta ginie tragicznie z powodu szaleństwa Victora.

ANALIZA

POWIEŚĆ WPISANA W TRADYCJĘ GOTYCKĄ

Frankenstein jest zbudowany na zasadzie zapisanych historii. Jest to jedna z cech charakterystycznych powieści gotyckiej, brytyjskiego gatunku literackiego z końca XVIII i początku XIX wieku, który zawierał średniowieczne zamki, złożone intrygi, mistyczne tajemnice, niepokojące i wzniosłe cechy oraz opowieści o zjawiskach nadprzyrodzonych. Istnieją podobieństwa z thrillerem i horrorem powieści zawierające elementy (inne przykłady to Castle of Otranto Horace'a Walpole'a (1764) i The Monk Matthew Lewisa (1796).

Niektóre z tych gotyckich motywów i wątków odnajdujemy w powieści Mary Shelley, szczególnie poprzez opis wielkiej i wzniosłej, imponującej, majestatycznej, ale niebezpiecznej przyrody: wydarzenia fabularne rozgrywają się w wielu miejscach, z których większość należy do tej dzikiej natury. Jest to szczególnie widoczne w następującym fragmencie:

> *"Wzniesienie jest przepaściste, ale ścieżka jest pocięta na ciągłe i krótkie zakręty, które umożliwiają pokonanie prostopadłości góry. Jest to scena przerażająco pusta. W tysiącu miejsc można dostrzec ślady zimowej lawiny, gdzie drzewa leżą połamane i rozrzucone na ziemi, niektóre całkowicie zniszczone, inne pochylone, opierające się o wystające skały góry lub poprzecznie o inne drzewa" (rozdział 10).*

Zauważ, że takie spojrzenie na naturę jest też nieco nieromantyczne.

Powieść skonstruowana jest jako zbiór dokumentów, czyli listów Waltona, który opowiada o swoim spotkaniu z Victorem Frankensteinem. Ten ostatni prowadzi narrację swojej własnej historii, gdyż Walton ją przepisuje i dodaje do swoich listów. Narracja prowadzona jest zatem przez bohaterów opowieści i pisana jest w pierwszej osobie liczby pojedynczej. Narracja stwora do Frankensteina, a następnie stwora do Waltona uzupełniają opowieść, dając jej inny punkt widzenia. Tekst skupia się jednak głównie na analizie psychologicznej samego Frankensteina, który pogrąża się w poczuciu winy.

Proces ten nadaje również realizmu opowieści bliskiej fantasy, a krytyk i autor Brian Aldis (brytyjski powieściopisarz i autor opowiadań, urodzony w 1925 r.) nazwał ją pierwszą powieścią science fiction. Co więcej, pochodzenie Frankensteina opiera się na hipotezach naukowych, a nie na wyniku nadprzyrodzonych zdarzeń, jak ma to miejsce w gatunku fantasy. Cała powieść jest badaniem hipotez i ich konsekwencji. Co by było, gdyby ludzie mogli tworzyć rzeczy stworzone przez człowieka? Temat ten wkroczył do science fiction wraz z odkryciem robotów.

POTWÓR

Podczas lektury powieści nasuwają się następujące pytania: kto jest potworem? Narratorem opowieści jest Victor Frankenstein, ale ten stwór pojawia się jako ofiara. został opuszczony przez swojego stwórcę. Co więcej, Istota Bezimienna jest kontrastem między pozorem a rzeczywistością. Chociaż fizycznie odrażający, nie jest z natury zły. To strach, a przede wszystkim nienawiść, którą wywoływał w ludziach, prowadzi do jego zbrodni. Jak pisze Francis Laccasin (francuski dziennikarz i autor, 1931-2008): "Potwory nie są tworzone z powodu ich brzydoty, ale z powodu warunków ich powstania i... budzi więcej odrazy niż strachu.

To, co stanowi o problematyczności stworzenia, to fakt, że jest ono nienaturalne. Stworzenie nie powinno być, gdyż jest wytworem siły woli Frankensteina. Jednak to Frankenstein jawi się jako potwór, pozwalając na egzekucję Justine, narażając życie swoich bliskich i nie współczując własnemu stworzeniu. Stworzenie jest tak naprawdę prawdziwym bohaterem powieści.

Frankenstein jest refleksją nad człowiekiem i pochodzeniem zła: myśli stwora prowadzą w tym kierunku. To on odkrywa, że zło jest możliwe i w końcu sam go dokonuje, mówiąc:

> *"Czy rzeczywiście człowiek był jednocześnie tak potężny, tak cnotliwy i wspaniały, a jednak tak podły i nieszlachetny? Raz jawił się jako zwykły potomek złej zasady, a innym razem jako wszystko, co można sobie wyobrazić jako szlachetne i boskie [...]. Przez długi czas nie mogłem pojąć, jak jeden człowiek może mordować swoich bliźnich, a nawet dlaczego istnieją prawa i rządy; ale kiedy usłyszałem szczegóły dotyczące podłości i rozlewu krwi, moje zdziwienie ustało i odwróciłem się z obrzydzeniem i wstrętem" (rozdział 13).*

WSPÓŁCZESNY MIT

Podtytuł powieści, Współczesny Prometeusz, zachęca czytelników do postrzegania jej jako powtórzenia starożytnego mitu: Prometeusz jest tytanem. W Teogonii Hezjoda (poeta grecki, połowa VIII wieku pne) to on stwarza ludzi i kradnie ogień, aby im dać, ale ten dumny akt pomocy ludzkości wzniesienia się ponad jej stan został ukarany przez bogów.

Prometeusz jest przykuty do skały, a jego wątrobę codziennie zjadają orły, skazane na wieczne męki. Podobnie Victor Frankenstein, chcąc dorównać Bogu, panując nad naturą i sam stwarzając życie, zostaje surowo ukarany przez los, traci wszystkich, których kocha i ostatecznie umiera.

Jego narracja jest więc rodzajem moralnej bajki; jego historia ilustruje pewien nakaz, a mianowicie naukę jako pychę (od starożytnego greckiego słowa oznaczającego "dumę"): nauka jest niezwykle potężna, a człowiek ma nieograniczone możliwości, może posunąć się nawet do stworzenia życia, ale to, że może, nie oznacza, że powinien. Narracja Victora ostrzega Waltona – to dlatego, jak mówi, nie chce zdradzić swojej tajemnicy, bo podobnie jak Puszka Pandory, wiedza jest niebezpieczna – a powieść ostrzega czytelnika: "Naucz się ode mnie, jeśli nie przez moje przykazania, to przynajmniej przez mój przykład, jak niebezpieczne jest zdobywanie wiedzy i o ile szczęśliwszy jest ten człowiek, który uważa swoje rodzinne miasto za świat, niż ten, który dąży do tego, by stać się większym, niż pozwoli mu na to jego natura" (rozdział 4).

DALSZA REFLEKSJA

KILKA PYTAŃ DO PRZEMYŚLENIA...

- Jaką wizję nauki prezentuje powieść? Czy jest ona pozytywna, czy negatywna? Uzasadnij swoją odpowiedź.

- Przeanalizuj strukturę narracji. Jak jest ona zorganizowana? Kim są narratorzy? Jakie są efekty tego wyboru narracyjnego?

- W jakim sensie powieść ta należy do tradycji gotyckiej?

- Porównaj stwora z powieści ze stworem z jednej z filmowych adaptacji dzieła. Jakie różnice zauważasz?

- Czym różnią się koncepcje świata Elżbiety i Wiktora?

- Czy powieść sprawia wrażenie pesymistycznej? Dlaczego?

- W jaki sposób w powieści opisana jest natura? Jaki jest efekt takiego przedstawienia natury? Twoim zdaniem, dlaczego Mary Shelley decyduje się na takie jej przedstawienie?

- Wyjaśnij podtytuł powieści: *Współczesny Prometeusz*.

- Czy ta powieść zawiera tematy, które są nadal aktualne w dzisiejszych czasach? Wyjaśnij swoją odpowiedź.

- Dlaczego możemy powiedzieć, że natura jest prawdziwym bohaterem powieści?

PRZECZYTAJ TAKŻE

WYDANIE REFERENCYJNE

Shelley, M. (1999) *Frankenstein*. 2nd edition. Toronto: Broadview Press.

ADAPTACJE

Frankenstein. (1931) [Film]. James Whale. Dir. USA: Universal Pictures.

Frankenstein. (1994) [Film]. Kenneth Branagh. Dir. USA: TriStar Pictures.

Chcemy usłyszeć od Ciebie, co się dzieje!
Zostaw komentarz na temat swojej internetowej biblioteki
i podziel się swoimi ulubionymi książkami w mediach społecznościowych!

www.50minutes.com

Master ISBN: 9782808693882
Papierowy ISBN: 9782808615280
Depozyt prawny: D/2023/12603/1808

Verhaal: © Primento

Projekt cyfrowy: Primento, cyfrowy partner wydawców.